A Renzo Casali

Quanto manca al futuro?

Quanto manca al futuro?
Poesie di Luigi Maffezzoli

Prima edizione Maggio 2010
http://www.luigimaffezzoli.it
In copertina: Yuri Gagarin, cosmonauta

Speranza e fiducia ci sorreggono
nel nostro vano affannarci: alcuni aspettano l'arrivo
di un dato giorno, altri semplicemente il volgere degli anni.

Semònide di Amorgo

Luigi Maffezzoli

Quanto manca al futuro?

Quanto manca al futuro?

31/8/2007

Quanto manca al futuro ?
Quando ero piccolo
nel duemila a cavallo di astronavi
alla conquista di Giove.
Cowboy dello spazio.

Quanto manca al futuro?
Ho ancora voglia di volare
ma ne ho poca di partire.
Nella brughiera col mio cane
e il buio della stanza.

Quanto manca al futuro?
Quando il presente gli permetterà di venire?
Tra sogni che indugiano
e adulti che passano
senza aver raggiunto la meta
che si erano promessi da bambini.

Quanto manca al futuro?
I Cowboy dello spazio
buttano bombe intelligenti
che non sanno di esserlo.
E noi
aspettiamo
il nostro turno di volo.

Romanzo di Alice

07/08/06 - 24/1/09

L'autostoppista si chiamava
Alice
si piazzò davanti alla macchina,
mi fece segno di fermarmi.
Portava bermuda consumati,
lunghe trecce fino alla vita,
una canottiera rossa.

«Ayers Rock,
Australia.»
«Ti lascerò a due chilometri da qui.»
Lei scosse le spalle
e caricò il suo zaino.

La traversata durò
quattro settimane
e due naufragi evitati per un soffio.
Persi il lavoro,
persi la casa
e anche quella specie di famiglia
che mi ritrovavo.

Davanti a noi
un mare di sabbia
e una roccia
dritta
contro il cielo.

Gli indigeni
ci accolsero con una danza
carichi di souvenir.
Alice li cacciò
si asciugò una lacrima
e puntò la testa
verso nord.

La guardai sparire
dietro la grande roccia.

L'indigeno mi coprì
di piccoli oggetti inutili
e io finii gli ultimi soldi.
Così tolsi i chiodi della tenda
dalla sabbia
e mi rimisi in viaggio.

Lei e lui

7/2006

Lei appoggia la testa sulla sua spalla
lui la stringe a sé,
lei ha un sacchetto di pasta nella mano sinistra
lui la borsa da lavoro in quella destra.
Lei
ha ventiquattro anni
e una lunga esperienza da raccontare,
lui ne ha cinquanta
e non ha ancora capito dove va la sua vita.
Lei quando ride è un cielo senza nuvole
lui può solo guardarla.
Andranno insieme in un locale messicano
e invocheranno un supplemento d'alcool.
Lui prenderà un treno stanotte
lei
non ne avrà bisogno.

Ti ho visto Nina

2/2007 29/3/2009

Ti ho visto Nina
spezzata, ubriaca
delle malevoglie di Milano
ti ho visto fuggire
spingere la tua valigia in piena notte
rifugiata nell'isola degli elfi
ti ho visto
Nina
specchiarti nel fuoco
ascoltare il silenzio.

Ti ho visto
Nina
ridere di rabbia
piangere di gioia
e poi cadere nel fango
a due ali dal cielo
ti ho visto
Nina
rialzarti subito in volo.

Ti ho visto Nina
combattere il mostro
ferita, rialzata,
liberata di pianto
rifugiata nel riso.

Ti ho visto in fiamme
e poi in fondo ad un abisso ad implorare un abbraccio
e poi ridere:
"ANDIAMO VIA!"
ti ho visto
Nina
naufragare nella tua terra.

Nina
di miele e di fuoco
Nina
con occhi grandi come una domanda
aggrappata alla vita
che parla con gli occhi e la penna
ti ho visto
ascoltare la voce dei boschi
allungare le braccia
come rami e foglie
ritrovare il silenzio
di felicità
perduto
in un inverno
di fiamme.

Serata imprevista

10/2/2007

Serata imprevista
e una pentola cinese contro il malumore.

Crepuscolo sul centro commerciale
un'intuizione
bambina.

Che non si guasti
crescendo.

31/8/2007

Perduta
non sai calcolare il tempo
semini in stanza le occasioni.
Tu sola adesso con te
forse piangi forse dipingi
forse tramuti l'attimo
in una poesia.

Persa
senza confini a separare
la realtà
e quella dei tuoi pensieri.
Le tue poesie e i "Ciao come stai?"
C'è troppo verde intorno
la calma dei prati che può uccidere.

Smarrita
forse qualcosa cambierà?
Lo sguardo fissa oltre
chiudi il libro delle emozioni
fra un po'
l'ora del tè.

Quando scende la sera

25/9/2007

C'è una luna di zucchero filato
e un tempo che è già quasi autunno
quando tutti ritornano a casa
e scende la sera e l'azzurro è già grigio
sullo sfondo
montagne.

Così è il mio stato d'animo
e il mio stato di corpo precario
d'una vita che scende la sera
e attende seduta
che torni il mattino.

Ciao ciao

06/09/06

Quando sono caduto sulla terra
e ho pestato il culo
avevo sedici anni
e dieci lustri alle spalle.

Quando hai detto
«Cambia canale!»
avevo mille anni
quasi tutti di troppo.

Quando la nave è affondata
avevo un salvagente di piombo
per essere certo di
arrivare al fondo.

Quando ho detto
è il momento di svegliarsi
il coltello ha sorriso
«Sei già sveglio.»

Luna a Milano

3/2007

E' spuntata una luna esagerata
dalle case popolari.
Guarda Milano impassibile
finché una nuvoletta nera
le copre gli occhi.

Lasciatemi così

Lasciatemi così
gli occhi chiusi
senza telefono
in un buio che culla
la testa adagiata nel dondolio di un treno
e le voci che ronzano senza ferire
lasciatemi così
fino alla fermata che mi sveglierà
in un rimpianto di buio

4-10-2007

Lo stomaco contratto
e bisogno di silenzio
mi compaiono bambini
e paesaggi di neve
di un passato
in cui mi sto perdendo.

Mi guardi con stizza
e allontani i tuoi ricordi di me
ed io ti cerco come un bimbo
che ha rinunciato al dolce.

Spengo il telefono
per non essere tentato dal presente
distendo il corpo, le mani lunghe sulla tastiera
la luce sulla testa
abbaglia nel silenzio.

Questo attimo
passerà presto...

Ma non finirò
di aspettarti

Guardando una fotografia

5-8-2007

Cosa dicono quegli occhi profondi?
Quanta follia e quanta tristezza
in quegli occhi profondi.
Quanta richiesta d'amore
e quanta paura.

Ora
mangia un po'
e poi
ce ne andremo via.

Forse domani

25-1-2008

Arpeggio di chitarra
la tua prima luna fuori di casa
e la notte che scende
nell'afa di un treno affollato.

Il mio tempo è passato
la voglia di tornare
nel tepore di casa
lasciando fuori
i sogni morti
nella merda ostentata in Parlamento
mentre un uomo del passato
recita l'ultimo atto.

Voglia di tornare
e subito voglia
di uscire ancora
di una prima luna stringendo mani giovani.
Forse sarà domani
forse non sarà
la mia anima si calma
ad un canto triste
ad una poesia che non pretende di dare speranze.

Domani
forse sarà
domani
da vecchio.

Neve

3/2/2008

Vorrei un inverno di neve
coi fiocchi che scendono da dietro il vetro
ed ogni azione diventa più lenta.
Potremmo uscire insieme a guardare il cane che gioca
ad entrare e ad uscire dal manto
e ci chiama gioioso
a giocare nel bianco con lui.

Così bagnati potremmo rientrare
a scaldarci sotto la stessa coperta
tenendoci stretti dirci
che è bello invecchiare
in questi attimi lievi di neve.

Dormiveglia ferroviaria

12/5/2008

Sonnecchio vigile
ronzio di voce di donna
ascolto il mio corpo
il naso da pulire
una bestia nervosa pulsa nella mia pancia.

Presto mi sveglierò in una nuova stazione
nostalgia di futuro
rimpianto di giovinezza
il tempo dei sogni è passato
restano macerie
pollo in uno scantinato
nostalgia di tenerezze
tu come un fantasma
che sparisce all'alba.

Il treno nel tunnel
la stazione vicina
non ci parleremo
tra me e te l'amore di un cane
e una vita in sospeso.

19/6/2008

Ho aggiunto due frasi al racconto
ed ora ascolto il mio corpo
aria che spinge nella pancia
il peso del collo
e penso a te
ai tuoi sogni spezzati senza domande
io il loro carnefice
penso al cane che mi attende al cancello
deluderò anche lui
come la bimba abbandonata in un'isola verde
come me che non so dove andare.

I tuoi sogni vorrei riportarteli
legati con un nastro augurale
ma non rispondi al mio sguardo
resto un poco a guardarti
poi torno nel buio.

Com'è grigio questo cielo

18/10/08

I colori dell'autunno mi commuovono
ma com'è grigio questo cielo...
C'è un innocente a terra davanti a una scuola
e uomini in divisa che infieriscono
davanti un bimbo nero che non riesce più a piangere
e code di auto che non si fermeranno.

Com'è grigio questo cielo
c'è una grande crisi nell'aria
e già individuati i colpevoli nelle periferie
Banditi e ministri ormai pronti
per la retata finale
predicano amore dai teleschermi.

Troppo grigio questo cielo
meglio tornare in fretta a casa
rifugiati in un computer
Un ultimo sguardo ai colori dell'autunno,
un'arietta fredda investe uomini e foglie
l'inverno
è ormai alle porte.

Gennaio
24/01/09

Tocchi il fondo dell'abisso
e subito dopo la punta del cielo
l'ami troppo
per non ucciderla
la odi troppo
per non amarla fino a confermarti pazza.
Ti vedo correre dietro ad un cane bianco
in una valle bianca di neve senza finestre
ne hai aperta una, in una busta
la tua vita
in cento poesie scritte col sangue.
Mi dici «Tornerò!»
e sai che non sarà così.
La vecchia ti chiama per la cena
la odi troppo per non amarla alla follia
dici «Arrivo!»
Più tardi
scriverai una poesia.

Quando fui venduto

1/03/09

Quando per la prima volta fui venduto
solo avevo dodici anni
e poche parole per parlare
nel passato recente una nave bucata
una casa di paglia
in quello più remoto.

Quando per la prima volta fui comprato
solo avevo dodici anni
nessuna parola per parlare
bastava la mano spalancata
in una strada senza sabbia
in una strada di fumi e offese.

La seconda volta che fui venduto
già zoppicavo e rughe da bambino
a ferirmi il viso
mano aperta che si chiudeva piena senza fare rumore
e strade da correre con gambe da zebra
prima delle sberle prima delle ingiurie.

La seconda volta che fui comprato
da tempo non contavo più compleanni
gli amici mi insegnarono a parlare
in rumeno e in napoletano
e ridevamo su come può diventare veloce una mano
come di un mago in un sogno in una piazza lontana.

La terza volta che fui venduto
non avevo più anni
e non avevo più amici
poche parole in italiano e in lingue da signori
e poi un camion buio verso l'inverno
le ultime luci quelle di Natale.

La terza volta che fui comprato
mi girai un'ultima volta
e allungai la mano solo a chiedere aiuto
ma la strada era un deserto di persone
spalancai gli occhi
prima di concederli per sempre.

Estate 1942

2/05/09

Non è lungo il viaggio
nessuna fatica a stare in piedi su un treno di terza classe
se ti aspetta una bicicletta
fuori dalla stazione di Peschiera.
Era bella l'estate del '42
davanti alla casa delle zie
solo verde e campagna
e un fosso per risciacquare i panni
e loro ti sono corse incontro
giovane Binda corridore.
Si è fatto forte il nostro nipote
che da quando è morta la sua mamma
lo amiamo come un figlio.
Il tempo di un abbraccio e già pedali via
il lago non aspetta
e lo attraverserai da sotto la Rocca a San Vigilio senza mai fermarti.
Guardano andar via il loro corridore.
Stai attento! Ma tu non le puoi più sentire.
Si guardano, fantasmi cambiano il loro umore
rumori di bombe nella Svizzera verde
appena aldilà dei confini
erano ragazze nella primavera del 1915

ed ora tutto è come allora.
Il ragazzo ha bracciate ampie
raggiungerà la punta senza tanta fatica.
Tornerà dalle zie per il pranzo
e in tempo per
ricevere il postino.

Condannati a morte

9/5/2009

Condannati a morte.
Risate
dei ministri e dei banditi.
Ma adesso cambia canale
che è ora di pranzo.

Condannati a morte.
Cosa ridi?
Non devo esagerare?
Domani faranno tutti la comunione
e anche Dio è diventato miope.

Condannati a morte
la sabbia nei polmoni
bimbi come agnelli
donne violate e fatte a pezzi
Ridi ancora?
Meglio chiudere gli occhi
ma non dire
«Io che c'entro?»

Condannati a morte
tutti d'accordo nel consiglio dei ministri
qualche disaccordo in parlamento
e auto che passano veloci sulla strada.
Non c'è tempo per fermarsi
meglio non esagerare
lascia stare i poeti
che sono dei bugiardi.

Condannati a morte
se ne vanno senza salutare
forse Dio sarà clemente
e li lascerà morire senza soffrire
che è ormai l'ultima speranza.
Ridi pagliaccio
ti ricorderanno come il saltimbanco della morte
ministro della repubblica.

Condannati a morte
nei supermercati ancora aria di crisi
ma l'inverno se n'è andato
piante bianche di fiori
profumi di primavera nei campi e lungo il naviglio
meglio spegnere la televisione
e i suoi pupazzi dei telegiornali.

Condannati a morte
troppo lontana la nave
per vedere i volti dei bambini
diventeranno fumo o sabbia
ci penserà il vento a cancellarne le impronte.
Ridi ancora?
C'era tuo figlio su quella nave
ma eri soprappensiero
e non te ne sei neppure accorto.

Maggio

24/5/2009

Come sarà il tempo fuori?
qui è sempre buio
il contrasto della finestrella illuminata
suggerisce che il sole sia alto
calda la giornata
e breve
come un alito di vita.

Il cane abbaia pieno d'ansia
di non riuscire a comunicare i suoi sogni
la sua vita è parallela è diversa
eppure così degna.

Ce ne andremo insieme al fiume
o in qualche bosco ad ascoltare gli amori tardivi degli uccelli
ormai pronti per il nido e nuovi piccoli da sbocciare al mondo
I fiori bianchi lasciano spazio solo al verde
e presto al rosso delle bacche.

Mi riscopro romantico
e me ne vergogno
anche Smétana mi parla di foreste
da percorrere come Dick e Joanna
stanchi di guerra
vorrei emergesse questa cantina
come una piccola casa in una distesa di foglie.

Sento gli anni passare
questo puntiglio è durato troppo
mai giocare con chi viene dal mare
e ha radici millenarie.
Oggi cuocerò coniglio
e il tempo scapperà come un mascalzone
dopo avermi violato
uscirò a guardare il cielo
che sarà già quasi imbrunire
con il piccolo senza più pazienza
che mi salterà su a leccarmi la faccia

e andremo verso un orizzonte verde
da non raggiungere
mentre scenderà la sera
torneremo che sarà già quasi domani
ruberò alla notte
ancora un po' di attesa.

Buon compleanno

31/5/2009

Buon compleanno sorella mia
non berremo vino dolce quest'anno
e sarà il primo dopo tanti
t'ho rincorso e poi ho preso le distanze
si è esaurita l'energia
consumata in discussioni
volatili
come la vita.

Mi hai mandato un messaggio giorni fa
come una richiesta di salvagente
ma l'oceano è troppo grande
da attraversarlo per giungere in tempo
non so in quale isola sarai
a festeggiare la fine della giovinezza.

Buon compleanno
t'ho rincorso e poi ho preso le distanze
non leggerai questa poesia
il vino dolce è al fresco
festeggeremo con ritardo
i tuoi nuovi anni di maturità
i miei li ho raggiunti da un po'
senza concludere quelli dell'adolescenza.

Buon compleanno sorella mia
non attraverseremo oceani insieme
ci abbracceremo
da bravi fratelli
tra una riva e l'altra
a consolarsi.

3/6/2009

Hai costruito un ponte tra due montagne
e l'hai coperto di petali per farla arrivare
io solo un sentiero accidentato
pieno di buche e di sospiri.
Hai mischiato il tuo pianto con le nuvole del cielo
io resto solo con le mie malinconie.
Hai seminato un prato di arcobaleni
io rimiro i colori dell'autunno.
C'è un presente di fiori e vento che tutti possiamo vivere
io aspetto un uragano
che mi travolga prima dei pensieri.

Ispirata ad alcuni versi di Lorenzo Mullon

Luglio

27-28/7/2009

I ragazzi peruviani scesero alla stazione di Villa Pizzone
Lei aveva odore di indio e pantaloncini cortissimi.
Lui era grande e grosso
valido per scaricare mobili
e per la guerriglia urbana
mi passarono tra le gambe senza disturbare
l'ultima ringhiera di Milano
li guardò passare.
Forse faranno l'amore stasera
forse scapperanno allo sceriffo di Nottingham
e alle sue nuove leggi.

A Porta Garibaldi il treno era più vuoto
c'era un uomo del Bengala che guardava fuori
a sospirare il suo Phantom
già morto da tempo.
Riprese a sonnecchiare per dieci secondi
prima di scendere a Repubblica.
Ora ero quasi solo sul vagone
era andata anche la ragazza bianca dalle belle gambe
e presto sarei sceso anch'io
una nuova giornata di troppo sole
da incominciare.

Sulla metropolitana la temperatura era da Dolomiti
l'unica musica orchestra di Ipod
qualcuno ricordava ancora
gli ultimi suonatori rom
prima del grande rogo.
L'uomo nero portava un cappellino da muratore
agitava la gamba sul pavimento
mentre ascoltava il mantra del compagno.
Suo figlio diventerà sindaco un giorno
ma per ora fugge ai vigilantes la notte
si alzò di colpo e si avviò alla porta guardandosi intorno
al cantiere non troverà il tempo
di sentire il sole.

Ed è tempo che scenda anch'io
un orecchio per il telefono l'altro per la musica
un poeta mi prestò il ritmo
ma non intonava con la poesia
e non c'era più tempo per scrivere.
I poeti tutti occupati in discoteca.
Misi in tasca gli occhi
e me ne andai via.

Gibraltar
8/11/2009

Guarda l'abisso come fosse King Kong
ma pesa solo pochi chili
poi si lascia andare
stufa dei turisti
lancia un grido
estremo prima dello sfracello
ma all'ultimo trova un appiglio
l'aveva visto già da prima
quando giocava ad essere King Kong.
Tornerà su più tardi
a mangiare noccioline
ad aspettare il silenzio
quando tutte le navi saranno fumate via
resteranno solo loro
progenitrici d'Africa in terra d'Europa
a vedere passare discendenti degenerati
e il mare diventare rosso
di sangue di cristiani
e poi di arabi
di zingari e di ebrei
e poi di tutti insieme
tra navi che partono e ritornano

in una terra che non è più Africa e non ancora Europa
pirati d'ogni colore e di ogni latitudine
ed ora gli ultimi con scarpe da tennis
e patatine
passeranno anche loro
adesso che è già sera
e il sole è sceso in un blu scuro
che è quasi oceano.

Guarda giù come King Kong
ma non s'innamorerà di una vergine
ha la memoria di tutti i suoi antenati
lei è la progenitrice
Guarda l'abisso
guarda il turista ritardatario
e pensa
vai ora che è quasi notte
lei lo sa
l'abisso prenderà vita
e se lo inghiottirà.

Sono tornate le camicie nere

30/01/10

Sono tornate le camicie nere
in bella vista nei grandi magazzini
e nei comizi in televisione.
Sono tornate
le stesse parole
schiere di deportati con la stella del negro
nuovi camini nel deserto.

Sono tornate le camicie nere
come una nuova moda
la vecchia resta immobile
sul suo viso
tutte le rughe del mondo
guarda le ruspe distruggerle la casa
poi si volta verso la telecamera
ci guarda
mentre cambiamo canale.

Sono tornate le camicie nere
l'uomo si difende: "È solo moda
e sono passati tanti anni!"
Ma i camini fumano ancora
il bimbo non ha più lacrime
mentre il mostro spinge sua madre a terra
diventerà sindaco per questo
sindaco mostro di Brianza
invoca nuove Auschwitz
tra le tende in fiamme.

Sono tornate le camicie nere
sono la stessa moda di allora
di allora anche l'indifferenza.
Passerà questa crisi
dice il primo ministro
e tornerà l'allegria
come in televisione
gli altri
tutti in galera
o nei campi nel deserto
forse guardando il mare intravederemo il fumo
ma non ci faremo caso
strade più pulite
e camicie nere in saldo.

Chagall

22/02/09

A metà strada tra la terra ed un cielo di neve
lì andremo insieme
e verrà anche il cane
eccitato da quel nuovo gioco
di volare come Krypto
ed entreremo in quella neve
verso un orizzonte d'un altro cielo
forse di acqua
forse di fuoco

e ci stringeremo con il cane in mezzo
e tu aprirai la borsa
e tirerai fuori pane e vino
e guarderemo sotto
ma da una nuvola di neve
non vedi non senti
che i tuoi respiri
e l'eccitazione del cane
che vola via e ti chiama
perché è più bello
non volare da soli.

Poi la neve forse si scioglierà
al caldo dei nostri corpi
e ci lascerà lì a fluttuare
tra un manto che svapora
e il cielo che diventa azzurro
verso altri confini da penetrare
verso un «Chissà?»
Che spezzerà questo momento di malinconia.

Incipit da un verso di Alceo, VI secolo a.c.

Dentro al cerchio

7/2007

Dentro al cerchio
non hai più paura
impari a volare.

Ti sei sbucciato un'ala
perché non hai creduto
così sei caduto.

Il cerchio è stretto
intorno c'è la notte
se ti stringi agli altri
non hai più paura.

Il cerchio è grande
al centro c'è una luce
che ti guida al volo.

Il cerchio gira
ti gira un po' la testa
poi ti alzi in volo.

Intorno c'è la notte
il buio della vita
il cerchio è una fortezza
gira gira gira
e non hai più
paura.

Anno nuovo

31/1/2009

Quando sarà tutto compiuto,
mi canti, staremo vicini
a guardare la nostra stella.

Ma il poeta greco
dice «Non credere alle speranze»
non credere ad astri così lontani
a desideri che non si avvereranno
al denaro che non avrai
e a quello che avanzerai
non credere ai sogni, non stare sulla soglia a sfidare la nebbia
in attesa di chi non tornerà.

E la nebbia oggi è piena di ombre
fantasmi che tornano da guerre non desiderate
da naufragi inaspettati
da amori disperati
a da altri spezzati da spade
da malattie non ancora scoperte
e da quelle sfidate con un bicchiere in mano.

Non credere
ad astri così lontani
e a ciarlatani coi brillantini in televisione
o in parlamento
e sfida la nebbia
appoggiati ad un bastone
o meglio alle mie spalle
fino a quando non diverranno
loro stesse nebbia.

Non credere in quello che vedi
che non è lo stesso che vede il tuo cane
ma gioca con lui
e corri nel verde
presto sarà giallo e poi solo grigio
e nebbia e fantasmi
e tu sarai parte di loro
anche tu un frammento
di un astro lontano
a cui qualcuno chiederà grazia
avrà altri occhi, udrà altri suoni
avrà altre ombre da aspettare.

Aspettavamo il futuro
ed ora ci accorgiamo che ci è passato addosso
senza che lo riconoscessimo
senza che ci affidassimo a lui
ora è solo nebbia
perché il tempo del futuro è finito
è un cane che gioca
e non sa di aver poco da vivere
gioca anche tu
e non perderne più di tempo
che sei tu il futuro
che è gemello del dolore.

E corri
corri e torna
che non è lontano che troverai te stesso
fai tu da bastone
e loro saranno il tuo
perché siamo noi gli astri
e i fantasmi
i colori e le ombre
e tutto tutto quello
che il poeta gridava contro il cielo.

Che altro?
La nebbia è già notte
i due vecchi ti aspettano
in una casa prigione

e cosa c'è di meglio
di qualcuno che ti attenda
nel fondo della notte?

Ispirata ad una lirica di Semònide di Amorgo

Aprile
27/3 – 10/4 2010

Fratello
dove sei?

Sta passando un'altra stazione
e non ci arriverò con la valigia pronta
il piccolo mi guarda negli occhi
come solo un cane sa fare
attende un segnale per nuove esplorazioni.
Ma il Villoresi è in secca
e presto sbocceranno i primi fiori bianchi.

Attenderemo insieme
nuova acqua nel canale
e ne arrivi un po' anche a te
a risvegliare quelle radici così fonde
piantate tra la Garfagnana
e la Patagonia.

Non aprirò la posta per oggi
ho già la mia dose di ferite
ho dispensato consigli a figli orfani
e sono serviti solo a farli soffrire
è il nostro tempo che è passato
fratello colpito alle spalle
mentre rincorrevi ancora
i tuoi sogni di bambino.

Rimarrà con noi
fantasma
il tuo ghigno di bimbo
di poeta errante
sarà lui a guidarci
tra i flutti di Velasquez
e la quotidianità
di Frankenstein.

Ed ora
non piangere più
che è il momento della festa
tocca a te
racconta
racconta un'altra storia
di quelle di fughe e di lotte
di sconfitte che non ti hanno mai sconfitto
racconta dei fratelli matti
che hai incontrato

con cui hai viaggiato
tra il teatro e la vita
e la vita e il teatro
raccontacela un' ultima storia
raccontacela per non farci piangere
sarà la nostra comunione
e poi
sarà il deserto
e lo attraverseremo.

Prodotto da Lulu.com
per conto di Editori della Peste

www.ingramcontent.com/pod-product-compliance
Ingram Content Group UK Ltd.
Pitfield, Milton Keynes, MK11 3LW, UK
UKHW020233250726
13967UKWH00001B/351